NÉCESSITÉ POUR LE GOUVERNEMENT

D'ÉTABLIR

UNE BANQUE NATIONALE

IMMOBILIÈRE

Par J. E. DUFRESSE-CHASSAIGNE,

Docteur en médecine et propriétaire,

Membre de la Société de Médecine du premier arrondissement de Paris,
et de la Société d'Agriculture de la Charente.

———

Cette brochure contient la solution précise de toutes les objections qui ont été présentées contre l'établissement
d'une banque nationale immobilière.

———

SE VEND AU PROFIT DES PAUVRES.

———

PRIX : 50 Centimes.

ANGOULÊME,

IMPRIMERIE DE ARDANT FRÈRES , PLACE MARENGO 33.

———

1849.

PRÉFACE.

Cette petite brochure était composée depuis longtemps, mon intention n'était pas d'abord de la rendre publique, bien que quelques amis, à qui j'en ai donné connaissance, m'aient fortement engagé à la livrer à la presse ; mais, un des motifs qui ont le plus contribué à me décider, c'est la publicité donnée aux idées de réforme financière du comité napoléonien et dont le journal la *Liberté* s'est fait l'organe. Ces idées consistent à vendre les canaux et les chemins de fer à des compagnies, à autoriser la banque à émettre pour un milliard de billets *à cours forcé*, à s'emparer des biens des hospices, et en diverses idées de la même force. Toutes ces conceptions ont été discutées à satiété par tous les journaux sous le gouvernement de juillet, et leur danger a été démontré jusqu'à l'évidence. Tout le monde comprend assez que mettre ces idées en pratique, ce serait livrer, plus que jamais, la France, pieds et poings liés, à la merci de la haute banque, sans contre-poids analogue à celui que forme l'aristocratie en Angleterre, ce qu'on oublie trop chez nous ; cette haute banque, pour placer ses actions, se livrerait à un agiotage effrené , et deviendrait avant peu le véritable dépositaire de l'autorité, dont un gouvernement sage ne doit jamais se départir, s'il veut avoir la force nécessaire pour maintenir l'ordre, l'égalité et la liberté parmi tous les citoyens. Ce n'est pas ici le lieu d'entrer dans plus de détails.

Ce travail est divisé en trois parties. Dans la première, j'ai exposé la situation financière depuis février jusqu'à présent, et discuté les motifs qui militent en faveur d'une banque immobilière dirigée par l'Etat.

Dans la 2me, j'ai indiqué, parmi les divers systèmes qui ont été proposés, celui que je préfère ; on y trouvera des indications précises sur l'estimation des immeubles de toute nature de la France, sur la quantité maximum de billets qui pourraient rigoureusement être émis, et sur les avantages d'une pareille création.

Enfin, comme beaucoup d'objections plus ou moins sérieuses lui avaient été faites, comme des doutes avaient été émis sur la possibilité de sa mise à exécution, je me suis surtout appliqué dans la 3me partie à les discuter une à une, et à prouver que la plupart d'entr'elles ne reposaient sur aucun fondement solide. J'espère que ceux qui me liront partageront mes convictions.

PREMIÈRE PARTIE.

---

*De la nécessité où se trouve le Gouvernement d'établir
une banque nationale immobilière.*

Si l'on a lieu de s'étonner d'une chose, c'est de l'obstination
avec laquelle tous les ministres des finances qui se sont succédé depuis la révolution de février ont repoussé la création,
par l'Etat, d'une banque nationale immobilière. Aucune des
raisons qu'ils ont données de leurs refus ne supporte un
examen sérieux, tandis que tout, pour ainsi dire, milite en
faveur de sa création immédiate, comme je pense l'avoir démontré dans ce travail.

Exposé des motifs.

Aussitôt que la révolution de février a été accomplie, la question la plus grave qui se soit présentée, celle qui a dominé
toutes les autres, qui a le plus embarrassé le Gouvernement, et
qui est encore aujourd'hui la cause de toutes nos misères, de
toutes nos entraves et de toutes nos souffrances, est la question
financière. La confiance et le crédit s'étant retirés tout-à-coup ,
le numéraire dont ils centuplaient le nombre et la puissance est
devenu insuffisant pour mener à terme les transactions com-
mencées, alors qu'ils régnaient avec éclat ; aussi toutes les
valeurs mobilières et immobilières ont-elles subi une énorme
dépréciation, et tous les individus ont-ils été atteints dans leur
existence physique et morale. Il était donc urgent de remédier
à une pareille situation. Le Gouvernement et la Chambre ont-
ils fait ce qu'il convenait de faire pour y réussir ? C'est ce que
nous allons examiner.

En politique il est généralement admis qu'il n'y a pour un
Gouvernement que trois moyens de se procurer de l'argent ,
savoir le crédit, l'emprunt et l'impôt.

1° Avec le crédit, on peut émettre *du papier-monnaie*, ou
bien emprunter. C'est ainsi que le Gouvernement précédent put
émettre jusqu'à 340 millions de bons du trésor et contracter un

emprunt de 250 millions à 75 fr. 25 c. en 3 pour 0⧸0 , sans autre garantie que la confiance qu'il inspirait aux capitalistes ; mais sous le Gouvernement provisoire le crédit et la confiance n'existant pas , il n'aurait pu émettre pour 100 fr. de bons du trésor, et il n'a pu trouver à emprunter à aucun prix. Restait la ressource de l'impôt dont il a largement et maladroitement usé en exigeant de la propriété ; qui déjà plie sous le faix, un sur-croît de 45 centimes *comme cadeau*. Jamais mesure plus im-populaire , plus impolitique , et plus capable de faire détester un Gouvernement naissant, ne pouvait être adoptée; elle démon-trait, ou bien que la coterie intolérante et inhabile qui avait réussi à s'emparer par surprise du pouvoir, était bien igno-rante de l'état des choses , ou qu'elle avait de bien mauvaises intentions à l'endroit de la propriété ; car elle attaquait 26 mil-lions d'individus propriétaires et agriculteurs dans leurs intérêts, c'est-à-dire les trois quarts de la population. Un des plus grands torts , aux yeux des électeurs, qu'aient eu l'honorable général Cavaignac et l'Assemblée nationale, bien qu'ils aient rendu de grands services , c'est, après avoir balayé ce pouvoir éphémère et néfaste , de n'avoir pas décrété immédiatement la transformation de cet impôt immoral, ou plutôt ce vol déguisé fait à la propriété, en emprunt forcé dont le trésor eût tenu compte des intérêts à 5 %. Enfin, puisque jusqu'à présent le Gouvernement actuel n'a point songé à réparer les torts de ses prédécesseurs envers la propriété, et ne paraît point avoir l'in-tention de s'en occuper, celle-ci ne doit pas se tenir pour battue ; car elle ne doit pas plus de cadeaux au Gouvernement que les capitalistes n'en doivent. En conséquence, comme elle présente une majorité imposante dans les élections, elle doit user de sa puissance pour se faire rendre justice, *en exigeant que tout candidat qui se présentera à ses suffrages prenne l'engagement de réclamer, sinon la restitution des 171 mil-lions qui lui ont été extorqués, du moins la conversion de cette somme en emprunt forcé.* Si le Gouvernement provisoire, au lieu d'exiger, pour ainsi dire, à main armée de la propriété un cadeau aussi considérable, lui eût demandé un emprunt payable par douzième, de mois en mois, comme l'impôt ordi-naire , et comme c'est l'usage dans les emprunts soumissionnés par la haute banque, celle-ci se fût empressée de lui venir en aide pour faciliter le rétablissement de l'ordre, dont elle a tant besoin, et la reprise des affaires; dès-lors, il n'eût pas été obligé de

subir les dures conditions de ces capitalistes avides qui, même après
les journées de juin, alors que l'anarchie était écrasée et que l'ordre
était rétabli, n'ont pas eu honte de demander cinq francs de rente
pour chaque 64 francs qu'ils promettaient; en un mot de prêter à
7 3/4 pour °/₀. (C'est, en effet, à ce taux que s'est fait le dernier
emprunt de 250 millions.)

Quiconque a observé ce qui s'est passé à chaque emprunt
depuis 1815, aurait pu prédire la hausse qui est survenue depuis quelque temps. Voici, en effet, ce qui arrive : les sou-
missionnaires, quelque riches qu'ils soient, n'ont pas en leur
possession les 250 millions qu'ils doivent verser par douzième
au trésor ; ce n'est qu'en transmettant au public les coupons de
l'emprunt, qu'ils peuvent se le procurer ; et comme, pour faire
une bonne affaire, ils ne doivent pas vendre au-dessous du
cours de soumission, ils ont des compères qui leur font des
achats simulés ; la hausse se proportionne aux demandes; pour
peu qu'elle se soutienne, les vendeurs à découvert, obligés de
racheter pour se couvrir, viennent lui donner un nouvel essor.
C'est alors que le public se jette dans le mouvement et qu'on
voit se produire des hausses fabuleuses, quels que soient les
événements qui surgissent à l'extérieur ; pendant ce temps-là,
les banquiers écoulent leurs coupons, et réalisent leurs bénéfi-
ces. Lorsque l'emprunt est placé, et qu'ils n'ont plus d'intérêt à la hausse, un beau matin on est tout étonné de se réveil-
ler en pleine baisse.

A 90 francs, qui est le cours actuel, la haute
banque, dans l'emprunt de 250 millions, aura gagné 25 francs
nets par chaque 64 francs, ou près de 100 millions qui néces-
sairement auront été prélevés sur la fortune publique et n'auront
pas profité au Gouvernement.

D'un autre côté si, par un événement majeur, comme la
révolution de février, il survenait de la baisse au lieu de hausse
et que le soumissionnaire de l'emprunt ne pût pas remplir ses
engagements, il n'y a pas d'exemple que le Gouvernement ait
gardé le dépôt de garantie : ainsi, après le 24 février, la maison
Rothschild qui avait soumissionné l'emprunt de 250 millions en
3 °/₀ à 75 francs 25 c. et avait donné 30 millions à titre de
cautionnement, a été relevée de ses engagements par le Gouvernement provisoire lui-même.

Enfin, chose remarquable, c'est qu'au lieu d'émettre pour
250 millions de rentes rapportant 7 3/4 pour °/₀, on en émet

pour 365 millions produisant 5 pour %, et le Gouvernement, pour 250 millions qu'il reçoit, se reconnaît débiteur de 365, de sorte que, si les temps deviennent plus prospères, il ne peut pas emprunter ailleurs 250 millions à de meilleures conditions ; pour se libérer, il faut qu'il en solde 365.

Si un pareil état de choses devait durer longtemps, il serait certainement intolérable, car pour atteindre au chiffre de 1600 millions auquel doivent s'élever nos dépenses réduites au strict nécessaire, sans qu'il puisse être question de réformes ni d'améliorations dont beaucoup sont cependant urgentes, il faudrait recourir tous les ans à des emprunts plus ou moins considérables, praticables pendant la paix et pendant la prospérité ; mais impraticables du moment où ces deux conditions cesseraient d'exister. En fin de compte, qui ne voit que les intérêts des engagements successifs finiraient par absorber une partie considérable du budget, dont le reste serait insuffisant pour pourvoir aux besoins de l'Etat? Ainsi le système des emprunts successifs et continus deviendrait écrasant, souvent impossible, et le mouvement de la machine gouvernementale se trouverait enrayé faute de pouvoir en contracter.

En continuant à vivre sur les mêmes errements que par le passé, quel que soit le taux auquel s'élevât la rente, nous retomberions certainement dans des crises périodiques analogues à celles que nous traversons depuis deux ans, et nous donnerions au monde le spectacle d'un grand peuple qui ayant en sa possession tous les moyens d'agir est cependant obligé de s'arrêter faute de savoir s'en servir.

Ainsi, puisque le crédit tel qu'il est établi, l'impôt et l'emprunt, ne peuvent donner d'une manière continue au Gouvernement les moyens dont il a besoin pour administrer convenablement et pour opérer les réformes nécessaires, il faut sortir du cercle étroit et vicieux dans lequel on s'est enfermé, et recourir à des moyens plus puissants pour sortir promptement de la position précaire dans laquelle nous nous trouvons.

Divers ont été indiqués : tels sont les impôts sur les créances hypothécaires, sur les rentes, sur les successions, etc. Il y a certainement quelque chose à faire à cet égard, quoique je reconnaisse volontiers que tout accroissement d'impôts qui n'est pas volontaire ne serve qu'à gêner les transactions et à entraver les affaires ; mais c'est seulement dans les temps calmes, lorsque la confiance existe, lorsque l'argent est à bon marché et à la recherche des placements, qu'on peut et qu'on doit le frapper ; car alors on n'a pas à craindre de le voir se retirer de la circulation; mais, dans les temps de révolution, on doit s'en abstenir: le seul moyen de l'obliger à sortir est de lui faire concurrence avec un *papier-monnaie* qui repose, non comme celui de la banque de France, sur un crédit fictif qui tombe au moindre souffle révolutionnaire, mais sur une valeur réelle, palpable, sur le sol, en un mot, qui ne peut ni se retirer de la circulation, ni se cacher, quelque violentes que soient les commotions qui viennent agiter la société.

C'est assez dire que je suis partisan de la création d'une banque immobilière dirigée par l'Etat. Comme je suis persuadé que c'est le seul moyen d'établir notre crédit sur des bases inébranlables, et que je désire faire partager mes convictions, je vais dans une seconde partie exposer ce système et ses avantages.

DEUXIÈME PARTIE.

Exposé du système des banques immobilières.

Beaucoup de projets de banque immobilière ont été publiés. Les principaux sont : 1° Celui de la société centrale, tenant ses séances à l'Hôtel-de-Ville de Paris, intitulé : *Création par l'État d'une banque nationale immobilière en France*; il date du 15 mars 1848 ; 2° celui de M. Dutreih, du 22 mai ; 3° celui de M. Dessauret, ancien député du Cantal, qui date à peu près de la même époque; et 4° celui de M. Tesle, ancien ministre des travaux publics, publié dans l'*Estaffette* du 27 juillet dernier.

Comme on le voit, celui de la société centrale, dont je suis un des membres fondateurs, est le plus ancien. Tous ceux qui lui ont succédé ont été coulés à peu de chose près dans le même moule; seulement, ceux de MM. Dessauret et Tesle sont plus complets sous le rapport de la partie législative. Mais celui de la société centrale a l'avantage de la priorité et de la clarté, c'est lui qui a donné naissance à tous les autres par la publicité des discussions dont il a été l'objet, et dont le journal *l'Estaffette* a été l'organe.

Un exposé rapide de l'organisation de la banque foncière étant indispensable pour bien comprendre son mécanisme et ses fonctions, je vais donner, à quelques modifications près, l'analyse de celui de la société centrale. Il est ainsi conçu :

Art. 1er. La banque immobilière de France sera créée et administrée par l'Etat qui sera chargé d'émettre les valeurs au fur et à mesure des demandes qui lui seront faites. En conséquence, il sera ouvert au ministère des finances un grand livre de crédit hypothécaire pour toute la France.

Dans les départements, les receveurs généraux seront chargés de recevoir les demandes.

Art. 2. Les billets de la banque immobilière seront créés à Paris, et auront un *cours forcé* ; ils porteront des nos d'ordre sans indiquer l'emprunteur; ils seront disposés de manière qu'il y ait une double souche pour chacun ; ces souches indiqueront l'une et l'autre la propriété hypothéquée, son estimation, la somme prêtée et le nom de l'emprunteur.

L'une des souches restera au ministère des Finances , l'autre sera déposée entre les mains du receveur général de chaque département et signée par l'emprunteur lors de la remise des billes.

Les billets ne pourront excéder 1000 francs, ni être inférieurs à 25 francs ; tout porteur aura droit de les vérifier sur les registres à souche.

Art. 3. Tout propriétaire placé dans les conditions ci-dessous indiquées aura le droit de se faire ouvrir un crédit :

1° *Pour immeubles ruraux jusqu'à la concurrence des 3/5 de leur valeur estimative* ;

2° *Pour immeubles de ville, jusqu'à concurrence de la moitié* ;

3° *Pour immeubles industriels , jusqu'à concurrence du tiers.*

Le projet de la société centrale porte jusqu'à concurrence des deux tiers pour toute espèce d'immeubles ; mais le classement des immeubles par catégorie, et suivant les chances plus ou moins fortes de dépréciation qu'ils sont appelés à subir par suite de troubles , de révolution ou de guerre, me paraît préférable.

Art. 4. L'hypothèque portera , suivant le désir de l'emprunteur, sur tout ou partie de sa propriété.

Art. 5. Les prêts faits par l'Etat ne s'effectueront jamais pour une somme moindre de 200 fr.

Art. 6. Tout propriétaire qui voudra emprunter s'adressera , suivant que ses immeubles seront situés à Paris ou dans les départements , au ministre des finances , au receveur général ou bien au receveur particulier, et joindra à sa demande :

1° Un plan figuré de son immeuble ;

2° Sa désignation ;

3° Un état des inscriptions déclaré deux jours au plus avant la demande ;

4° Un acte constatant que sa propriété est assurée contre l'incendie.

Art. 7. L'immeuble du requérant sera estimé par un jury composé d'experts assermentés et d'un géomètre fonctionnant sous la présidence du juge de paix qui aura voix délibérative ; si mieux n'aime l'emprunteur s'en rapporter, purement et simplement, à l'évaluation cadastrale.

Art. 8. Lors de chaque emprunt , le ministre des finances créera une somme de billets égale au prêt , pour être remis à l'emprunteur ; toutefois, il aura la faculté de retenir un *dixième desdits billets,* et de donner en échange à l'emprunteur une inscription de rente à 5 p. 0/0 au pair.

L'emprunteur payera à l'Etat un intérêt annuel de 3 p. 0/0 sur la totalité de la somme prêtée.

Comme on le verra plus loin , je suis d'avis que cet intérêt doit être fixé à 4 p. 0/0 pour les trois premières années , à 3 1/2 p. 0/0 pendant les trois années qui suivront, et à 3 p. 0/0 au bout de six ans seulement.

Art. 9. L'hypothèque de l'Etat s'établira comme hypothèque conventionnelle, et sera dès-lors soumise aux conditions de spécialité et de publicité indiquées par le Code civil, sauf ce qui est dit ci-dessous , art. 13.

Art. 10. Les intérêts seront exigibles dans le mois qui suivra les époques correspondantes au payement des loyers et fermages, selon l'usage des localités ; ils seront recouvrés par les percepteurs de la même manière que les contributions ordinaires ; et en ce qui concerne les fruits des immeubles hypothéqués, par

les mêmes moyens d'exécution et avec les mêmes privi-
léges.

Art. 11. Les emprunteurs auront à leur volonté le droit de
se libérer entièrement ou par fractions en payant au trésor, soit
en billets hypothécaires, soit en numéraire, le montant de la
créance qu'ils voudront éteindre.

Les remboursements partiels s'opéreront par sommes rondes
de 200 francs au moins.

Lors de chaque remboursement, l'Etat donnera quittance
et main-levée de son inscription, jusqu'à concurrence du
montant du payement effectué; il y annexera une somme de
billets égale au remboursement qu'il aura reçu, ainsi qu'une
des deux souches, le tout frappé d'un timbre à emporte-pièce,
qui annoncera que ces billets sont retirés de la circulation.

Art. 12. Les prêts seront faits *pour un temps indéterminé*;
mais tous les cinq ans il pourra être procédé à une nouvelle estimation de la propriété, et le prêt pourra être augmenté ou
diminué, lorsque l'immeuble aura subi une modification dans
sa valeur d'au moins un dixième.

En cas de diminution, l'emprunteur remboursera à l'Etat
la différence, et obtiendra main-levée, ou au moins fournira
un supplément de garantie.

En cas d'augmentation, il lui sera fait un prêt supplémen-
taire s'il le demande.

Art. 13. En conséquence de ce qui précède, l'inscription
hypothécaire de l'Etat ne contiendra pas l'époque d'exigibilité de
la créance; il est dérogé en ce point seul au §. 4 de l'article 2148 du
Code civil.

Art. 14. Tout individu qui frauduleusement hypothèquera
un immeuble dont il saura n'être pas propriétaire ou qui présentera comme libres des biens hypothéqués, ou enfin qui
déclarera des hypothèques moindres que celles dont ses biens
sont chargés, sera puni d'un emprisonnement de deux mois
au moins, de deux ans au plus et d'une amende qui ne pourra
excéder le quart de la somme empruntée, ou être moindre de
50 francs.

Art. 15. Tous les ans, à une époque fixe, le ministre des
finances devra publier l'état de situation du grand-livre du
crédit hypothécaire.

Art. 16. Est réputée non-avenue toute clause portant que le

remboursement d'une créance ne sera opéré qu'en espèces sonnantes d'or ou d'argent.

Art. 17. Les hommes mariés, dont les propriétés seront grevées d'hypothèques légales, ne pourront emprunter qu'avec le consentement de leur femme ou de ceux qui la remplaceront.

Art. 18. Dans le cas de mineurs, les tuteurs ne pourront emprunter qu'avec le consentement du conseil de famille.

AVANTAGES

Résultant de l'établissement d'une banque nationale immobilière dirigée par l'Etat.

Pour bien comprendre ces avantages, il est indispensable de commencer par établir la valeur approximative de la propriété en France et des hypothèques conventionnelles qui la grèvent.

On peut diviser les propriétés en trois catégories, savoir : en propriété foncière, industrielle et bâtie.

1° *Propriété foncière.* En 1801, l'illustre Chaptal, alors ministre de l'intérieur, l'évaluait à 40 milliards; depuis cette époque sa valeur s'est considérablement accrue, car en 1832 les produits bruts de l'agriculture s'élevaient à plus de 6 milliards. Si donc on les estime au 10° du capital, comme c'est l'usage, on voit que la valeur du sol cultivé pouvait alors être évaluée à 60 milliards, et qu'en la portant aujourd'hui à 70 milliards, on ne courrait aucun risque de se tromper.

2° *Propriété industrielle.* Les produits de l'industrie, d'après un relevé fait en 1834, dépassent 3 milliards. En les évaluant au cinquième du capital on obtient, pour la valeur de la propriété industrielle, 15 milliards.

3° *Propriété bâtie, ou Maisons.* Un recensement général des portes et fenêtres, fait en 1822 et recommencé en 1826, a prouvé qu'il existait en France, à cette époque, 6,396,000 maisons environ, non compris les établissements réservés à l'industrie. Maintenant, en comptant toujours 5 habitants par maison en moyenne, on trouve qu'il est encore de 7 millions. En estimant à 70 fr. l'un dans l'autre le loyer de ces maisons, on obtient, pour leur revenu total, 490 millions, qui représentent, à 5 p. 0⁄0, le revenu d'un capital de 9 milliards 800 millions, ou bien, en chiffres ronds, de 10 milliards.

D'après ces relevés, la valeur totale de la propriété en France est donc de 95 milliards.

La dette hypothécaire qui grève la propriété est loin d'être aussi facile à estimer ; les uns la supposent égale à la moitié, d'autres au tiers, et d'autres au quart de la valeur. Pour ne commettre aucune erreur, admettons, comme la Société centrale, le chiffre de 15 milliards d'hypothèques réelles, non compris les hypothèques légales et celles des mineurs, *ci 15 milliards.*

Mais outre les dettes hypothécaires, il existe aussi ce qu'on appelle des dettes chyrographaires ou sous seing privé, qui ne peuvent être estimées sur aucune base, car ce sont des dettes secrètes ; néanmoins, leur chiffre est considérable, et comme, en général, ceux qui prêtent de cette manière prennent un intérêt plus élevé en raison des chances de perte plus grande qu'ils courent, il est certain que si les débiteurs trouvaient à emprunter à 3 ou 4 p. 0⁄0, ils s'empresseraient de le faire pour rembourser leurs créanciers. Ces sortes de dettes ne peuvent pas être évaluées à moins de 4 milliards.

Enfin, on doit admettre que si l'intérêt de l'argent tombait du quart ou du tiers, beaucoup de propriétaires d'immeubles non grevés s'empresseraient d'emprunter pour améliorer leurs biens. Supposons que ces sortes d'emprunts sur les immeubles non grevés puissent s'élever à 5 milliards, le Gouvernement se trouverait avec la perspective d'avoir à émettre, au maximum, pour 24 milliards de billets hypothécaires. Plus loin, nous examinerons quel pourrait être le résultat d'une émission aussi considérable de papier.

Les avantages d'un semblable établissement de crédit peuvent être ainsi formulés ; il procurerait :

1° *À l'Etat*, des ressources considérables et immédiates, qui ne le laisseraient plus à la merci des capitalistes, et dans la nécessité de contracter des emprunts à un taux exorbitant ou de manquer à ses engagements ; car, à supposer que les émissions de billets hypothécaires ne s'élevassent pas au-delà de 10 milliards, il se trouverait, ainsi que nous l'avons dit plus haut, pouvoir 1° emprunter un milliard au pair ; et 2° toucher en intérêt 300 millions, si les prêts se faisaient à 3 p. 0⁄0, et 400 millions, s'ils se faisaient à 4 p. 0⁄0.

Ces recettes considérables lui permettraient de supprimer les impôts frappant sur les classes pauvres et les octrois, d'une manière générale, de diminuer graduellement l'impôt du sel, l'impôt sur les boissons ; de porter à un chiffre assez élevé le traitement des instituteurs et des institutrices communaux, pour qu'ils puissent donner à leurs fonctions le temps et le zèle qu'elles exigent pour former la jeunesse dont l'éducation leur est confiée ; de remplacer le casuel des curés de campagne, source perpétuelle de discussions avec leurs paroissiens et d'éloignement pour la religion, par une somme fixe équivalente ; d'établir une police rurale relevant d'une administration centrale, et de ne plus la laisser aux mains de gardes champêtres qui ne peuvent l'exercer convenablement par suite de leur dépendance forcée des conseils municipaux des communes ; enfin, depuis une foule de réformes urgentes, de mobiliser promptement des armées de terre et d'équiper des flottes si la guerre éclatait ; de continuer les chemins de fer ; d'améliorer et de continuer nos routes, nos canaux, nos fleuves, nos rivières et nos ports ; de construire des docks, et, dans un avenir peu éloigné, de tirer des revenus considérables de ces propriétés ; enfin, de défricher et de mettre en culture les huit millions d'hectares de terres incultes qui font la honte de la France. Ainsi se trouverait résolue grand et difficile problème de tout améliorer, non seulement sans augmenter, mais encore en diminuant les impôts.

2° *A l'industrie*, des capitaux à bon marché qui lui permettraient de reprendre immédiatement ses travaux interrompus; d'occuper une multitude d'ouvriers qui sont obligés de faire grève en épuisant les économies de plusieurs années de travail, ou d'écouter les mauvais conseils d'ambitieux trompés dans leur attente et de fauteurs d'anarchie et de désordres ; de fabriquer mieux et à meilleur marché, et de forcer les autres peuples à venir s'approvisionner chez nous.

3° *Aux capitalistes*, la certitude d'être remboursés.

4° *Aux propriétaires grevés*, la possibilité de payer leurs prêteurs qui ne veulent pas renouveler, et les moyens d'éviter leur ruine.

5° *Aux propriétaires non grevés*, un capital disponible à leur volonté, faute duquel les terres ne produisent en France que 105 fr. 75 c. par hectare, tandis qu'en Angleterre, sous un climat moins avantageux, elles rapportent 244 fr. 92 centimes.

3

6° *A l'agriculture et au commerce*, les moyens d'échange qui leur manquent depuis longtemps.

7° *Aux ouvriers et aux employés*, la possibilité de se pro-curer à meilleur marché les objets de consommation, les objets fabriqués, et enfin tout ce qui est nécessaire à la vie ; par con-séquent plus de bien-être. Ainsi se trouverait résolue cette dif-ficile question des salaires, éternel objet de division entre les ouvriers et les patrons. En effet, si un ouvrier gagne 3 fr. par jour, et que les objets diminuent de 1/4, il est évident qu'avec 3 il pourra se procurer la même quantité et la même qualité qu'il se procurerait aujourd'hui avec 4, et qu'il serait dans la même position que s'il gagnait 4 fr.

8° *Au commerce en gros et en détail*, ne possédant pas d'immeubles, le refoulement des capitaux devenus disponibles, qui y trouveraient désormais un placement plus avantageux que chez les propriétaires, et qui n'y courraient plus autant de chances de perte qu'aujourd'hui.

9° Enfin à *la rente et aux actions industrielles*, une prompte reprise, et la cessation de la dépréciation qui les opprime, soit parce que les capitaux manquent, soit parce que peureux de leur nature ils ne veulent pas rentrer dans les valeurs qui ne rap-porteront que dans un avenir assez éloigné. En effet, une com-pagnie de chemin de fer, par exemple, qui aurait fait pour 20 millions de travaux bien constatés, pourrait emprunter des-sus près de 7 millions, continuer ses travaux, augmenter la va-leur de son immeuble, faire dessus de nouveaux emprunts, éloigner et amoindrir les appels de fonds de ses actionnaires, et arriver, assez promptement, à terminer et à mettre son chemin en exploitation.

10° Par cette heureuse création, chacun devenant posses-seur d'une partie du sol, soit comme propriétaire, soit comme créancier, il s'établirait une solidarité mutuelle entre tous les ci-toyens qui auraient tous le plus grand intérêt à la conservation de l'intégrité du territoire, et seraient disposés à faire les plus grands sacrifices, soit personnellement, soit pécuniairement, pour la maintenir.

Qu'on ne vienne pas dire que tout cela est beau en paroles, mais n'est pas réalisable, et n'est pas applicable dans notre pays. Car il existe déjà quelque chose d'analogue à ce que nous proposons en Prusse et en Pologne ; et partout où les banques immobilières ont été créées, on s'en trouve très bien ; par conséquent, il n'y a pas d'expériences à faire, et l'on ne peut plus traiter cette institution d'utopie ou de chimère sans faire preuve d'ignorance ou de mauvaise foi.

TROISIÈME PARTIE.

OBJECTIONS

Qui ont été faites contre l'établissement de la banque immobilière.

VOICI LES PRINCIPALES :

1° Comparaison des billets hypothécaires avec les anciens assignats ;

2. Objection contre leur cours forcé, et l'impossibilité de les convertir en argent à volonté ;

3. Objection contre leur émission par l'Etat ;

4. Objection contre leur émission illimitée qui amènerait leur dépréciation ;

5. Objection, exportation du numéraire à l'étranger ;

6. Objection, falsification des billets ;

7. Objection, facilité trop grande de mobiliser la propriété ;

8. Objection, les capitalistes aimeraient mieux acheter de la rente que de prêter à un intérêt si faible ;

9. Objection, lorsqu'un particulier remboursera le Gouvernement, si les billets qu'il a souscrits sont à l'étranger, comment pourra-t-on les annuler ?

10. Objection contre la non-limitation du remboursement ;

11. Objection, les billets hypothécaires n'auront pas cours à l'étranger ;

12. Objection, ces billets ne seront pas productifs d'intérêts pour les détenteurs ;

13. Objection, les immeubles augmenteront de valeur, et par suite les loyers augmenteront dans la même proportion ;

14. Objection, il y aura bientôt encombrement dans les fabriques, nécessité d'arrêter les travaux, et rejet des ouvriers au dehors, faute de travail.

1re OBJECTION.

Comparaison des billets hypothécaires avec les assignats.

Pour montrer combien ces deux valeurs sont différentes, il suffira d'en faire le parallèle ; à l'époque des assignats, le Gouvernement se trouvait tout à la fois détenteur des biens et créateur des assignats ; il était seul juge de la valeur de ces biens, qui en avaient fort peu, par suite de la crainte qu'avaient les acquéreurs de voir le véritable propriétaire venir les revendiquer. Pressé par les circonstances et par les besoins d'argent, il put donc émettre sans contrôle une quantité de valeurs plus grande que celle des biens sur lesquels elles reposaient, tandis que pour créer des billets hypothécaires il faut le concours de deux volontés, celle de l'emprunteur et celle du Gouvernement. Ici toute création nouvelle de billets est immédiatement représentée par une valeur immobilière, la plus sérieuse de toutes, toujours au moins double, et souvent triple par une valeur, enfin, que choisissent tous ceux qui tiennent à faire des placements solides et exempts de chances aléatoires.

Les billets hypothécaires, s'ils existaient, seraient même plus solides et mieux garantis que les billets de la banque de France qui, d'après ses statuts, peut émettre des billets représentant une valeur triple de son capital. Les deux tiers de ses valeurs ne sont donc représentés que par son crédit et la confiance qu'elle inspire. En les comptant pour un tiers, resterait encore un tiers sans garantie ; d'après cela les billets hypothécaires seraient à ceux de la banque de France comme 3 est à 1, c'est-à-dire qu'ils présenteraient une garantie trois fois plus grande.

2me OBJECTION.

Cours forcé de billets hypothécaires, et impossibilité de les convertir en argent à volonté.

Nous n'ignorons pas que le cours forcé est souvent une raison de discrédit, mais il y a des cas où il faut subir la nécessité. Les billets de la banque de France ont cours forcé; si le Gouvernement n'eût pas pris cette sage mesure, la panique était telle après la révolution de février, que les détenteurs eussent eu promptement épuisé le numéraire qu'elle avait, et qu'après cet épuisement le billet de 1000 fr. n'eût plus eu de valeur réelle, car le numéraire de la banque étant tout au plus égal au tiers des billets émis, ceux qui seraient restés en circulation n'auraient plus été représentés que par le crédit et la confiance, qui se seraient considérablement réduits; dès-lors le premier établissement financier de France fût tombé en faillite. Maintenant on est habitué au cours forcé, et malgré son maintient qu'il sera d'une bonne politique de conserver encore longtemps, (1) je ne sache pas que les billets de 1,000 fr. vaillent moins de 1,000 fr. Le cours forcé des billets hypothécaires serait nécessaire jusqu'à ce qu'on y fût habitué. Dans les temps où nous vivons, si leur cours n'était pas forcé, aucun propriétaire ne voudrait hypothéquer une valeur réelle pour des billets qu'on pourrait lui refuser, et avec lesquels il ne pourrait pas faire ses affaires. Dans quelques années, lorsque le crédit et la confiance seront sûrement établis, on pourra l'abolir sans inconvénient, quitte à le rétablir si cela devenait nécessaire. Après tout, le cours forcé n'a rien d'effrayant; s'il épouvante quelques personnes, cela tient à ce qu'on raisonne suivant le temps et les circonstances.

Dans les temps prospères, on achète des valeurs fictives avec de très fortes primes contre argent comptant, tandis que dans les temps de détresse rien n'est bon, tout est déprécié, le cours forcé des billets hypothécaires effraie, et l'on supporte tranquillement le cours forcé des billets de banque. Supposons pour un instant que la banque n'existât pas, et qu'on proposât de la créer avec cours forcé de ses billets; le public jetterait les hauts cris, et peut-être aurait-il raison, car, après tout, il n'y aurait que le tiers de ses billets représentés en numéraire. Cependant le cours forcé existe, et personne ne s'en plaint; acceptons donc pour les billets hypothécaires ce que nous acceptons pour les billets de banque, car les premiers sont mieux garantis que les derniers.

Quant à leur conversion en argent à volonté, elle devient inutile avec le cours forcé.

---

(1) Il y a plus de huit mois que cet article est écrit.

3ᵉ OBJECTION.

*Certaines personnes adoptent le principe de la banque im-
mobilière, mais elles voudraient qu'elle fût créée par une
société d'actionnaires, et non par l'Etat.*

A cela, il n'y a qu'une réponse à faire : c'est qu'à l'Etat
seul appartient le droit de battre monnaie; c'est que si la
banque immobilière devenait une création particulière on trans-
porterait à une société d'actionnaires, à un petit nombre d'individus, tous les avantages qui doivent résulter de cette institution, tant pour le gouvernement, que pour le pays tout entier ;
car le gouvernement appliquera à des travaux d'utilité générale
ou à des dégrèvements d'impôts les sommes considérables pro-
duites par les intérêts des sommes prêtées, tandis que des particuliers se les attribuaient, en les considérant comme des béné-
fices légitimes.

4ᵉ OBJECTION.

Contre l'émission illimitée.

Beaucoup de personnes voudraient qu'on limitât l'émission
des billets hypothécaires. Ainsi M. Dessauret propose dans sa
brochure de la limiter à 5 milliards, M. Teste à 3 (Voyez
l'*Estafette* du 27 juillet), et le comité d'agriculture de l'Assemblée nationale à 2 milliards (Voyez le projet de décret élaboré
par ce comité dans l'*Estafette* du 17 juin).
Pourquoi limiter, quand il est constant que les demandes
légales, pourront s'élever à 10, 15 ou 20 milliards? sur quels
motifs se fondera-t-on pour choisir plutôt ceux-ci que ceux-là,
quand ceux qui se présenteront auront des droits égaux à l'emprunt? Donnera-t-on la préférence aux premiers inscrits, tien-
dra-t-on compte des opinions des services rendus, ou bien enfin
formera-t-on des catégories, telles que de prêter d'abord à
ceux dont les biens sont hypothéqués et qui seront sous le coup
d'un remboursement? Evidemment, cela n'est pas admissible,
car ce serait violer le principe de l'*égalité* qui se trouve inscrit
sur le fronton de tous les monuments. Mais, dit-on, si l'émis-

sion des bons hypothécaires n'est pas limitée, ils deviendront trop abondants sur le marché, et leur valeur intrinsèque diminuera. C'est une erreur, elle ne diminuera pas d'un centime, 1,000 fr. vaudront toujours 1,000 fr.; mais le taux de l'intérêt seul diminuera. Voici comment : Supposons pour un instant qu'un particulier ait 100,000 fr. en billets hypothécaires dont il ne trouve pas le placement; pour le trouver, il lui suffira de faire ce qu'on fait dans les temps prospères lorsqu'on a des écus sans emploi, c'est-à-dire de faire annoncer par les journaux de la localité 100,000 fr. à placer par hypothèque à 1¡4, ou bien 1¡2 p. 0¡0 au-dessous du taux légal, et aussitôt non pas un, mais vingt débiteurs de l'Etat, s'empresseront de prendre ses 100,000 fr. avec lesquels ils se libéreront de pareille somme envers l'Etat qui les annulera et les retirera de la circulation. C'est ainsi que l'émission de ces billets se limitera d'elle-même, et ne dépassera probablement jamais 10 à 12 milliards. Il faudra donc que les capitalistes se résignent à baisser leurs prétentions, s'ils veulent retirer un intérêt de leur argent; ou bien s'ils trouvent le taux trop bas, ils achèteront des propriétés. Alors tant mieux, car cela les fera hausser; ou bien des actions industrielles, tant mieux encore, car toutes les valeurs reprendront leur cours normal; enfin ils se jetteront dans le commerce, dans l'industrie, etc., toujours tant mieux, car par suite de l'abondance des capitaux les transactions deviendront plus faciles, et les faillites beaucoup plus rares. Toutefois les petits rentiers et les petits capitalistes qui forment en France une classe si nombreuse et si digne d'intérêt, éprouveront une diminution si grande dans leurs revenus, qu'ils se trouveront dans une position précaire. Nous touchons ici un point très important de la question, c'est pour cela que j'ai dit publiquement dans la séance qui a eu lieu à l'Hôtel-de-Ville le 21 juin dernier :

« Si vous réduisez brusquement le taux de l'intérêt du signe
» représentatif des valeurs d'une somme considérable, avant
» que les billets hypothécaires aient eu le temps de produire
» au gouvernement un revenu assez fort pour lui permettre de
» dégrever largement les impôts indirects qui portent sur les
» objets de consommation et autres, vous placerez dans un état
» pénible une foule de petits capitalistes qui n'ont pour vivre
» qu'un revenu très médiocre, car l'intérêt de l'argent devant
» dans votre système se niveler avec celui des billets hypothé-

» caires, il s'ensuivra que le revenu de 40,000 fr. qui à 5 p.
» 0|0 est de 2,000 fr. ne sera plus que de 1,200 fr. Eh bien,
» je pense qu'une réduction soudaine, aussi considérable et
» sans compensation immédiate, ne pourra être acceptée sans
» rendre ennemis de votre projet, non seulement les riches,
» mais encore ce nombre immense de fortunes moyennes, qui
» dans l'état actuel des choses ne peuvent vivre qu'en usant
» d'une stricte économie. Ces gens-là n'écoutent aucun raison-
» nement et ne veulent voir qu'une chose, la perturbation que
» la diminution énorme de leur revenu va jeter dans leur exis-
» tence. Si vous voulez les convaincre de la bonté de votre
» projet, commencez par faire disparaître de leurs yeux ce
» fantôme de ruine qui les empêche de voir et de comprendre,
» ce fantôme que les usuriers, les banquiers et tous les
» hommes qui exercent des professions qui ont intérêt à voir les
» procès se multiplier, s'efforcent de grandir. Ainsi, proposez
» de mettre à 4 p. 0|0 le taux d'intérêt des billets hypothécaires
» pendant les trois premières années, à 3 1|2 pendant une
» seconde période de trois ans, de cette façon vous arriverez au
» taux de 3 p. 0|0 d'une manière graduelle et insensible, et
» vous vous ferez accepter, car plus le taux sera élevé au com-
» mencement, plus le revenu du trésor sera considérable, et
» plus il sera facile de dégrever largement certains impôts ; par
» suite les objets de consommation et les produits fabriqués
» diminueront de prix, et il sera facile à chacun d'économiser
» 1|4 ou 1|3 sur sa nourriture, sur ses vêtements, sur son loyer,
» et de se procurer ainsi pour 3 à 400 fr. ce qu'il ne peut
» se procurer aujourd'hui à moins de 500.

» Craignez-vous que le taux de 4 p. 0|0 soit trop élevé pour
» l'agriculture ? Sans nul doute, il ne serait pas en rapport
» avec ses produits, qui ne sont que de 3 p. 0|0 nets, s'il devait
» durer toujours ; mais il ne serait que temporaire et serait en-
» core d'ailleurs bien préférable au taux actuel, qui, eu égard
» aux courtes périodes de prêt en usage, ne s'élève guère à
» moins de 6 1|2 à 7 p. 0|0 l'an. »

C'est donc une grave question que celle du taux d'intérêt qu'il
faudra donner aux billets hypothécaires, c'est une question
qui devra sérieusement occuper l'attention de l'Assemblée
lorsqu'elle sera appelée à discuter le projet dont il s'agit.

5e OBJECTION.

Exportation du numéraire à l'Etranger.

Les capitaux ne trouvant pas autant de sécurité ailleurs que chez nous, où elle deviendrait très grande, n'auraient aucun intérêt à y aller. L'argent qui en Angleterre est à 2 1|2 ou à 3 p. 0|0, même pour les entreprises hasardeuses, émigre-t-il chez nous, où l'on ne peut pas le donner à moins de 6 à 7 p. 0|0 ? Mais à supposer que nos capitaux fussent à l'Etranger, ils nous reviendraient toujours, car le louage du capital n'étant nulle part ailleurs aussi bon marché, nulle part aussi on ne pourrait vendre les objets fabriqués et les produits alimentaires à des prix aussi faibles que chez nous. Enfin les entreprises industrielles devenant très productives par suite de l'emploi d'un capital suffisant dans leur exploitation, l'argent aurait plus d'intérêt à s'y jeter qu'à déserter.

6e OBJECTION.

Falsification des billets.

Il serait impossible d'empêcher absolument cette falsification, mais on pourrait la limiter beaucoup, en ne créant pas des coupures trop petites ; d'ailleurs l'intérêt de ces billets serait assez convenable pour que le Gouvernement pût facilement consacrer tous les ans une petite réserve de 1 p. 0|0 de la recette, ce qui ferait une somme considérable, à l'annulation des faux billets.

7e OBJECTION.

Facilité trop grande de mobiliser la propriété.

Quelques personnes prétendent que la grande facilité qu'on aurait de mobiliser la propriété serait une cause de ruine. C'est bien plutôt le contraire qui est la vérité, car ce sont le plus souvent les frais de poursuite et les ventes par expropriation, ventes qui se font généralement fort au-dessous de la valeur réelle de l'immeuble, qui amènent la ruine des propriétaires et de leur famille. Depuis février et dans ce moment encore combien de ruines imméritées par suite de ventes forcées qui n'auraient pas lieu, si les propriétaires qui sont sous le coup de remboursement pouvaient emprunter facilement pour un long terme et à un taux modéré. Je me contenterai de rappeler un fait inséré dans le *Constitutionnel* du 3 septembre. « Au mois de décembre dernier, c'est-à-dire 1847, un jeune homme avait employé son avoir et la dot de sa femme, montant ensemble à 500,000 fr., à acheter une magnifique maison située faubourg St-Honoré à Paris; pour attendre les délais de la purge légale, il plaça ses fonds au Trésor. Survint la révolution de février qui fit tomber les bons de 40 p. 0⁄0 et réduisit son capital à 300,000 fr. qu'il donna à compte, croyant obtenir terme et délai pour le surplus; mais les créanciers inscrits le poursuivirent, et par suite de saisie immobilière sa propriété a été revendue mercredi dernier 200,000 fr. dont il était resté débiteur, de telle sorte qu'après avoir payé comptant une maison de 500,000 fr., il se trouve aujourd'hui réduit à la misère, sans qu'on puisse lui faire le plus léger reproche d'imprudence ou de désordre. » Combien de malheurs semblables ont eu lieu depuis février 1848, et sont restés ignorés ! Si la banque immobilière eût existé, cette ruine et bien d'autres n'eussent pas eu lieu.

8ᵉ OBJECTION.

Les capitalistes aimeront mieux acheter de la rente que de prêter à un intérêt si faible.

Cette objection est sans valeur, car le cours de la rente s'élèvera proportionnellement à l'intérêt qu'elle rendra, si le taux des billets hypothécaires était fixé à 3 p. 0⁄0, avant six mois le cours de la rente 5 p. 0⁄0 s'élèverait dans la proportion de 3 à 5, c'est-à-dire à 166 fr.; car s'il en était autrement, tout propriétaire d'immeubles aurait le plus grand intérêt à emprunter à 3 p. 0⁄0 pour acheter de la rente qui lui donnerait 5 p. 0⁄0. Le bénéfice serait trop clair et trop facile pour qu'il n'en profitât pas. Rien que l'annonce officielle du projet ferait monter la rente.

9ᵉ OBJECTION.

Lorsqu'un particulier remboursera le Gouvernement, si les billets qu'il a souscrits sont à l'Etranger, comment, pourra-t-on les annuler ?

On inscrira leurs numéros sur un registre et on les annulera au fur et à mesure de leur rentrée.

10ᵉ OBJECTION.

Contre la non limitation de l'époque du remboursement.

Nous concevons parfaitement que lorsqu'un particulier emprunte à un particulier, ils fixent entre eux un délai pour le remboursement; mais dans le cas dont il s'agit, nous n'en concevons pas la nécessité, car le remboursement diminuerait les ressources annuelles de l'Etat. Lorsque l'Etat emprunte, il ne prend jamais d'époque fixe pour rembourser ses créanciers ; pourquoi vouloir que les particuliers agissent envers lui autrement qu'il n'agit envers eux ? Il nous semble préférable de laisser les créanciers choisir leur moment ; pourvu qu'ils payent exactement l'intérêt, c'est là l'essentiel. Toutefois, nous conviendrons qu'on pourrait chaque année ajouter à l'intérêt une somme déterminée pour l'amortissement, mais il ne faudrait pas la porter à un chiffre trop élevé, dans la crainte que les emprunteurs ne pussent pas tenir leurs engagements; ainsi, par exemple, il ne faudrait pas exiger plus de 1 p. 0[0 pour l'amortissement, ce qui ferait 100 ans au maximum pour la somme entière, s'il convenait au débiteur ou à ses héritiers de la garder pendant tout ce laps de temps; car si, comme le proposait le comité d'agriculture de l'Assemblée nationale dans son projet de décret publié dans l'*Estafette* du 17 juin, on fixait le terme de 20 ans pour le remboursement, ce serait 5 p. 0[0 de la somme due à ajouter chaque année à l'intérêt de 3 ou 4 p. 0[0, ce qui ferait à donner pour la première année, si le prêt était de 100,000 fr., 8,000 fr., pour la 2ᵉ 7,850, pour la 3ᵉ 7,700, pour la 4ᵉ 7,550, pour la 5ᵉ 7,400, et ainsi de suite en diminuant chaque année de 150 fr., jusqu'à la dernière, où il ne resterait plus à payer que 5,000 fr. Or, nous le demandons, quel est le propriétaire qui pourrait continuer à payer seulement pendant dix ans de 6 1⁄2 à 8 p. 0⁄0 du revenu de sa terre, quand il est reconnu que cette terre ne lui donnera pour revenu net que 3 p. 0⁄0 ; car d'après ce que nous avons dit, celui qui pourrait emprunter 100,000 fr. devrait avoir une propriété rurale qui en vaudrait moins de 200,000. Mais à supposer qu'elle valût le double de l'emprunt à 3 p. 0⁄0, cette terre ne rendrait que 6,000 fr. de revenu net, or s'il n'avait pas d'autre revenu, il arriverait tout simplement que pour payer sa dette à l'Etat il lui faudrait contracter de nouveaux emprunts, tant pour compléter l'intérêt à payer que pour vivre lui et sa famille.

Ainsi il est évident que si l'on ne veut pas remettre le remboursement à une époque indéterminée, il faudra établir un amortissement annuel en sus des intérêts, tel que le remboursement se fasse en un temps fort long, afin de gêner le moins possible les possesseurs d'immeubles.

11ᵉ OBJECTION.

Ces billets n'auront pas cours à l'Etranger.

Non sans doute, mais on peut en dire autant de tous les billets possibles ; avant le décret qui a fondu toutes les banques dans la banque de France, et qui a donné cours aux billets de cette dernière dans tout le territoire de la République ils n'étaient acceptés qu'à Paris et dans ses succursales, à Lille, à Bordeaux, à Lyon, et partout enfin où il y avait des banques particulières, il fallait avoir recours aux changeurs ; pour employer en France les Banknotes d'Angleterre, les billets de Francfort, de Berlin, etc., il faut opérer un change ; ce serait donc à une opération de même nature qu'il faudrait recourir pour faire usage des billets de la banque immobilière à l'Etranger.

12ᵉ OBJECTION.

Ces billets seront improductifs d'intérêt pour les détenteurs.

Beaucoup de bons esprits voudraient que les billets hypothécaires fussent productifs d'intérêt au profit de ceux qui en
seraient détenteurs. Est-ce qu'un sac de 1,000 fr. qu'on tient
en réserve dans sa caisse est productif d'intérêt? il n'en produit
que lorsqu'il est loué. Et personne n'y trouve à redire. Pourquoi donc vouloir qu'il en soit autrement pour les billets hypothécaires? Louez-les, ils en produiront.

13ᵉ OBJECTION.

*Les immeubles augmentant de valeur, il faudra que les
loyers augmentent dans la même proportion.*

Si l'intérêt des billets hypothécaires était fixé à 3 p. 0|0, il
est à peu près certain qu'un immeuble qui vaut actuellement
300,000 fr., en vaudrait 500,000 d'ici à quelques années. Les
personnes qui font l'objection se rapportant au taux actuel de
5 p. 0|0, pensent qu'au lieu de 15,000 fr., par exemple, que
doit rapporter un immeuble de ville de 300,000 fr., il devrait
en rapporter 25,000, s'il en coûtait 500,000 ; cela tient à ce
qu'elles ne réfléchissent pas que 500,000 fr. à 3 p. 0|0 ne
doivent pas rapporter plus que 300,000 à 5 p. 0|0.

14ᵉ OBJECTION.

*L'établissement d'une banque foncière nécessite une modifi-
cation dans notre système hypothécaire et détruit l'impôt
provenant de l'enregistrement et de l'inscription de prêts
hypothécaires.*

Tout le monde est d'accord sur la nécessité de modifier le
système hypothécaire actuel, parce qu'il est ruineux pour les
emprunteurs. Les motifs qu'on fait valoir contre cette réforme
si impatiemment attendue sont toujours tirés des besoins du

Trésor et de l'inopportunité. Mais ces motifs dans cette circonstance ne peuvent être allégués non plus que la destruction de l'impôt provenant de l'enregistrement et de l'inscription des obligations, car les produits de la banque immobilière de France seront infiniment supérieurs. D'ailleurs rien n'empêcherait d'établir sur les prêts qu'elle ferait un impôt modéré pour frais d'enregistrement et d'inscription, ce qui rendrait plus faible la perte du Trésor sur cette branche de revenu qui, en définitive, ne constitue qu'une faible partie du produit de l'enregistrement, lequel vient surtout des ventes d'immeubles, et des transmissions d'héritages.

<h3 style="text-align:center">15e OBJECTION.</h3>

15e OBJECTION.

Si l'industrie et l'agriculture pouvaient se procurer des capitaux à bon marché, il y aurait bientôt surcroît de production, encombrement dans les fabriques, nécessité d'arrêter les travaux et rejet des ouvriers au dehors.

Il faut convenir que l'objection est très forte, mais cependant elle n'est pas sans réplique. En effet, souvent l'encombrement n'est que factice et tient à ce que la production est relativement plus forte que les demandes. Aujourd'hui, par exemple, pourquoi y a-t-il encombrement dans les fabriques et dans les produits de l'agriculture? Ce n'est certainement pas parce qu'il y a eu excès de production, car depuis deux ans chacun s'est efforcé de ralentir sa fabrication; mais cela tient à ce que le crédit et la confiance s'étant retirés et à ce que la situation étant incertaine, quiconque possède quelque chose l'économise le plus qu'il peut afin de ne pas se trouver à la merci des événements : de là, ralentissement dans la consommation, absence de luxe, et mévente de tous les objets que produisent les professions qu'il alimente, économie sur la nourriture et sur les vêtements en faisant usage d'aliments et d'habits moins chers; on peut dire avec vérité que dans l'état de crise où nous sommes, les 36 millions d'habitants de la France consomment comme 20 millions d'individus vivant dans une grande prospérité.

Supposons maintenant une situation inverse, supposons qu'au lieu d'une catastrophe, de l'absence de numéraire, et des moyens d'échange qui en résultent, il survienne un signe représentatif abondant, une aisance générale, que chacun ait

entre les mains des valeurs supérieures à ses besoins présents
et éloignés , et surtout l'espoir de pouvoir s'en procurer facilement ; enfin qu'une grande prospérité et qu'une
grande sécurité règnent : tout le monde voudra se donner ses
aises, ou se nourrira mieux , ou se vêtira mieux , ou étalera
plus de luxe , ou augmentera ses dépenses , et au lieu de con-
sommer comme 36 millions d'hommes, nous dépenserions
comme 60 millions qui dépenseraient sagement.

Nous avons aussi montré que la possibilité de produire à
meilleur marché nous procurerait les moyens d'écouler un certain nombre de produits à l'Etranger.

Par ces diverses raisons, nous sommes donc autorisés à pen-
ser que de longtemps un engorgement réel ne saurait avoir lieu ;
nous n'oserions pas dire jamais, mais personne que nous sa-
chions n'aurait la prétention de vouloir créer sur la terre des
institutions parfaites. Il suffit à notre avis que leurs avantages
soient patents et de beaucoup supérieurs à leurs inconvénients,
pour qu'elles méritent l'approbation générale. Telle sera , nous
n'en doutons pas, l'opinion de la majorité à l'égard de la
banque immobilière qui s'est déjà rallié des partisans nom-
breux et puissants; son principe triomphera, nous en avons la
conviction intime, des obstacles qui lui sont opposés avec une
persévérance inouïe par les gens de banque, de finance,
et surtout par ceux qui exercent des professions qui ne
vivent que de procès et d'usure.

Je terminerai ce petit opuscule en rappelant les paroles que
je prononçai le 24 juin à l'Hôtel-de-Ville en séance générale,
paroles qui ont été reproduites par l'*Estafette.*

« Citoyens, la question financière est aujourd'hui celle qui do-
mine toutes les autres , c'est celle qui occupe le plus vivement
le gouvernement et tous les hommes animés de quelque patrio-
tisme. Cela tient à ce que chacun comprend dans son for intérieur que le bonheur ou le malheur de la France , que son
élévation ou son abaissement, que la prospérité ou la misère,
que l'ordre et la liberté, ou le désordre et l'anarchie, enfin que
la paix ou la guerre civile et étrangère, vont essentiellement
dépendre de la solution qui lui sera donnée. Si cette solution est
bonne, la France prospérera, s'élèvera et grandira en force,
en puissance et en considération; mais si elle est mauvaise,
elle retombera dans la misère, l'abaissement et la décadence;
alors le despotisme seul pourra la sauver, etc. »

Le 23 juin, ces paroles s'accomplissaient : la guerre civile commençait dans Paris, par suite de l'impossibilité où se trouvait le gouvernement de continuer les dépenses des ateliers nationaux ; après la victoire acquise par beaucoup de sang et la perte d'un grand nombre de nos meilleurs généraux, l'anarchie n'a pu être contenue que par la proclamation de l'état de siége, ou par la suppression des lois. L'état de siége a régné longtemps. Etait-ce là un état normal, je vous le demande ? Non certes, mais c'était une nécessité que nous devions subir.

Ce que je disais le 24 juin, je le dis encore aujourd'hui : tant que la question financière ne sera résolue d'une manière satisfaisante, nous serons sur un volcan toujours prêt à faire une irruption que la création d'une banque immobilière pourra seule prévenir. On peut tenir pour certain que tant que le crédit reposera en France sur tout autre chose que des garanties réelles que celles qui sont fournies par la propriété, nous aurons à redouter des catastrophes périodiques qui ne reviendront plus du moment où il sera indépendant de la vie ou des capacités de ceux qui seront appelés à tenir les rênes du gouvernement. C'est pourquoi j'adjure tous les bons citoyens, tous ceux qui veulent à la fois l'ordre, la liberté et le progrès qui résument la civilisation de méditer cette grave question, et de la soutenir de tout leur pouvoir.

www.ingramcontent.com/pod-product-compliance
Lightning Source LLC
Chambersburg PA
CBHW070803210326
41520CB00016B/4807